Wilhelm Horkel

Mit Ihm ins Leben gehen

Mit Ihm ins Leben gehen ...

Gedichte von Wilhelm Horkel

Freimund-Verlag Neuendettelsau

Bibliografische Information der Deutschen Nationalbibliothek
Die Deutsche Nationalbibliothek verzeichnet diese Publikation in der Deutschen Nationalbibliografie; detaillierte bibliografische Daten sind im Internet über http://dnb.d-nb.de abrufbar.

Mit ihm ins Leben gehen ...
Gedichte von Wilhelm Horkel

ISBN 978 3 86540 075 8

Neuendettelsau 2010
www.freimund-verlag.de

Konzeption und Gestaltung: Ulrike Zellfelder, Freimund-Verlag
Titelbild: Photomontage (vgl. Bildnachweis S. 94)
Gesamtherstellung: Freimund-Verlag, Neuendettelsau

Hilf Herr uns durch die Zeiten
und mache fest das Herz.
Steh selber uns zur Seiten
und führ uns himmelwärts.

Inhalt

In memoriam salvatoris

Du gehst zum Kreuz, Du Dulder ohnegleichen,
und trägst es stumm, wie Gott die Erde trägt.
Du fällst in Staub, den Rücken wundgefegt;
Mariens Blick: ein letztes Liebeszeichen.

Simonis Schulter schleppt des Kreuzes Speichen,
indes Dein Antlitz sich ins Schweißtuch prägt.
Du fällst, im Schurf der Steine hingestreckt,
die Frau'n zu trösten, die nicht von Dir weichen.

Du fällst zum Dritten unterm Hohn der Knechte,
denen Dein Rock zum Würfelspiele gut.
O blut'ge Haft am Holz! O Nacht der Nächte!

Und ist durchkämpft der bitterste der Kriege.
An Deinem Grab erst schweigt die wüste Wut.

Du aber sprengst die Gruft im Ostersiege!

Jesus in cruce moritur

Im Scharlachglanz der Narben und der Wunden
muss Dein Gehorsam sich dem Tod vermählen.
Du stirbst ihn ganz, kein Läst‘rer darf ihn schmälen,
als sei des Vaters Huld vor Dir entschwunden.

O Zornesnacht, durch die kein Strahl gefunden,
als das Gestirn erlosch ob dreien Pfählen!
Dich muss des Kelches letzte Neige quälen
und erst Dein Todesschrei hat Dich entbunden.

Du neigtest Dein unirdisch Angesicht –
der Schächter weiß: im heiligsten Verzicht;
verschwelt der Brand der Schuld und ihr Gericht.

Wenn Gott uns tausend Mal verblich‘ und schwiege,
Im Kreuz verschwiegen Gott sein Schweigen bricht,
dran Du durchkämpft den bittersten der Kriege.

Karsamstag

Vom Lendentuch entkleidet,
von Nägeln und Dornen befreit,
in der Gruft liegen Linnen bereitet,
des Heilands letztes Kleid.

Ein Zettel klebt an dem Holze,
beschriftet von irgendwem:
„König der Juden“ für das stolze
Volk in Jerusalem.

Die ihn gehängt, sind entschwunden.
In unaussprechlicher Pein
dehnen sich jene neun Stunden.
Die Sonne verlor ihren Schein.

Maria nur und Johannes
verharrn auf verödetem Feld.
Der Herr lohnt die Treue des Mannes,
Maria zur Mutter bestellt.

Doch kam ein Engel zur Erden
und hielt verschwiegene Wacht.
Es konnte nur Ostern werden
Nach dieser Nacht.

(geschrieben am 29.01.2009, im 100. Lebensjahr)

Das Münster zu Ulm

Du Gottes Haus, gebauten Raumes Stille,
ein ehern weises Schweigen Stein in Stein!
Aus tausend Quadern steigt dein steiler Wille.
Der Mensch ist groß. Du aber siehst ihn klein.

Du dämpfst den Stolz,
dich trifft kein Spott noch Schade.
In trüben Wellen wogt um dich die Zeit.
Du alterst nicht. Du dauerst in der Gnade
erfahrner Ewigkeit.

Münster II — Leidensgeschichte

Wir wollen gehen,
        Christe, nach Golgatha
und selber sehen,
        was Dir allda geschah,
wo Henker späen,
        Höhnen und Hassen gellt,
und Dich zu schmähen
        einig die ganze Welt.

Wir wollen schauen,
        Christe, wo Judas' Tat,
der afterschlauen,
        glückte Lug und Verrat,
wo klagend Frauen
        standen und Dornen Dir
in Stirn und Brauen
        schnitten als Galgenzier.

Wir wollen wallen,
        Christenheit insgemein,
wo Du gefallen
        unter den Mördern zwein,

wo Gift und Gallen
spieen des Pöbels Mund
und heimlich allen
abseits der Jünger stund.

Wir wollen warten
vor Deines Grabs Gestein,
wo einst im Garten
senkte der Freund Dich ein,
dort, wo sich scharten
Jünger, mit Gram getränkt,
und zweifelnd harrten,
bis Du die Gruft gesprengt.

Wir wollen steigen
mit Dir aus Nacht und Haft,
ob auch die Feigen
fliehen und Neugier gafft,
und nimmer schweigen,
Töter des Tods, von Dir,
bis wir uns beugen
unter die letzte Tür.

(im Bogenfeld des Nordostportales des Ulmer Münsters)

Münster III – Verkündigung Mariä

Wer pocht mir leisem Hammer
so lind wie Engels Grüßen
an meine niedre Kammer?

Wer tritt zu meinem Pfühle
her durch verschlossne Türen,
gesandt vom Engelsbühle?

Du schwebst mit güldner Schwinge,
Sankt Gabriel – wen suchst du
in armer Magd Gedinge?

Beschattet Gottes Braue
die Weisung, die mir gälte,
mir, der geringsten Fraue?

Sieh Buch und Tuch und Kanne;
da hab ich mein Geschäfte.
Doch weiß ich nichts vom Manne.

Dies weiß ich: Gott zu Willen
muss sich die Flur mit Krumen
auch spät im Winter füllen.

Fügt er's in seinen Sinnen,
so müssten Wasserwogen
rückwärts zur Quelle ringen!

Kann Leib und Willen sperren
ein Mensch dem Gottgeheiße?
Ich bin die Magd des Herren.

(im Kramerfenster des Chores)

An die Kreuzblume

Näher dem Wolkenhage
als der Dächer gebirgigem Kamm,
hoch über Tage
wächst du aus steinernem Zweigicht und Stamm!

Hoch über Türme
blühst du in rauschende Lüfte hinein,
föhnig zausen dich Stürme,
wie Honigseim trinkst du den Mondenschein.

Regen – und Tau – genährte
Blum, deren Kelch kein Stäublein kränkt,
tief in fruchtende Erde
hat dir der Meister die Wurzeln gesenkt.

Vom Strom umschollen wohne,
breite die Blätter ins blauende Nichts,
du schwingende, prangende Krone,
Saum des Irdischen, Füllhorns des Lichts!

Glück im Frühling

Es lenzt und glänzt das junge Jahr,
viel Reigen bringt der Wind ihm dar,
der wirbelbunter Launen toll
hoch über graue Wälder scholl.

Und ob die alte Welt sich härmt –
der Frühling über die Äcker lärmt,
verscheucht den Schnee mit keckem Tritt
und bringt den Chor der Vögel mit.

Der enge Gürtel schnürt' uns lang.
Der Tod das Leben niederzwang.
Die Fenster auf! Wie leben gern!
Die Erde ist der schönste Stern!

Glockenblume

Glockenblume, du blaue,
überall bist du zuhaus,
suchst dir nicht heikel wie andre
Blumen den Wurzelgrund aus.

Läutest so leise; nichts stört dich.
Glöcklein, du tust es klug.
Nur der Himmel allein, er hört dich.
Das ist genug.

An das Gebirge

Gebirg aus grauen Riesenwänden,
kühn eingezackt im Wolkenflaum,
wie glühst du auf in ungeheuren Bränden
der Morgenröte, Saum bei Saum!

Gebirg, vor dem die Flut aus tausend Jahren
verebbt, als wäre Schaum die Woge Zeit –
wir suchen noch, was du erfahren –
die Ewigkeit.

Reisen und Rasten

Reisen, das ist das eine,
Rasten das andere Glück.
Wie auch immer es scheine,
Segen bleibt immer zurück.

Reisen, das heißt: viel erfahren,
groß und schön ist die Welt.
Rasten ziemt späteren Jahren,
wie es dem Alter gefällt.

Reisen macht dankbar und weise,
wenn man es ehrlich bedenkt.
Rasten im engeren Kreise,
heimwärts die Schritte gelenkt.

Reisen heißt: gern in der Welt sein,
wie auch immer sie sei.
Rasten: Gott näher gesellt sein.
Gnade ist immer dabei.

Abschied vom Sommer

Der Sommer darf nicht schwelgen,
Herbst schlägt ihn in die Flucht.
Erst wenn die Blätter welken,
gedeiht die reife Frucht.

Erst wenn mein Baum entlaubt ist,
seh ich der Sterne Licht.
Wenn alles mir geraubt ist,
macht reich mich der Verzicht.

Tauf-Lied

O Kind in deinen Kissen,
du träumest wohl weltferne Mär,
du weißt noch nichts vom Wissen
und allem menschlichen Begehr.

Wir aber, Kindlein, brachten
zum Taufstein dich, du leichte Last,
die Kerzen wir entfachten
wie zu der Krippe Glanz und Glast.

Und hoben an zu loben
den, der dich uns zu eigen gab,
der Vater, der von droben
selber stieg im Sohn herab.

Und senkten dich vertrauend
hinein in Christi Ackerfeld,
dass er, dich auferbauend,
zur Rebe seines Weinstocks zählt,

dass schon im Wiegenschreine –
ob du's auch schlummernd nicht verlangst –
du in der Christengemeinde
aus seiner Wurzel rankst.

Er hat dich schon erlesen,
der vor der Welt Gewirre war.
Du gottgeschenktes Wesen,
er segne dir noch Jahr um Jahr.

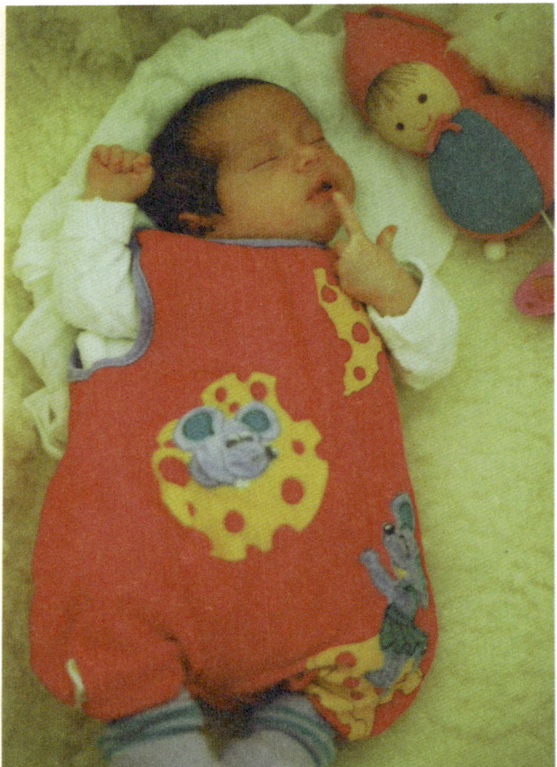

Konfirmation

Zum Glauben ruft uns diese Stunde
und zum Bekenntnis weckt uns dieser Tag,
dass am Altar aus eig'nem Munde
Gott selbst uns're Stimme hören mag.
Sein Wort, wir haben's wohl vernommen,
wir sind zum Sakrament gekommen,
die Taufe und das Abendmahl
gilt uns wie einst der Jünger Zahl.

Wir haben viel von Gott empfangen,
gesunden Leib und Geist und Freude viel,
uns wird vorm künft'gen Weg nicht bangen –
der Vater führt uns an sein Ziel.
Und stehn auf Sturm der Zeiten Zeichen –
Wir wollen nicht vom Glauben weichen.
Sein Wort bleibt wahr, der Weg bleibt klar
und wir sind Christi junge Schar.

So hilf uns, Herr, lass es gelingen,
du gehst der Christengemeinde stets voraus.
Dir nach! Dir nach in allen Dingen!
Du schütze uns und unser Gotteshaus!

So lasst uns Treu um Treue halten,
nie müde sein im Händefalten.
Wir wagen's, Gottes junge Saat.
Hinaus ins Leben! Auf zur Tat!

Ruf aus Stalingrad

Einer aber der Namenlosen
im Höllensturm von Stalingrad
schrieb seiner Mutter aus Tod und Tosen
in Brand und Brüllen auf blutigem Blatt:
„Mutter, warum
hast du mir nie von Christus gesagt?"
Schwieg und fiel dann, steinschwer, stumm.

Aber die Klage pocht. Und die Frage fragt
durch Jahre fort im Gang der Geschlechter,
knistert wie Irrlicht im lügelnden Buch,
schwelt im zornfeurigen Fluch,
hallt durch Dome, zischelt am Tisch der
Verächter …

Vergilb der Brief? Für nichts verpfändet
des Jünglings Stirn, die zerrissen klafft?! –
Beweint nicht Blut, das in Strömen
verschwendet!

In Einem hört Alle, die frühe vollendet!
Gebt Antwort, die da Glauben schafft!
Antwort ist mehr als des Marmors Ruhm.
Weh uns, blieben wir stumm,
dass nachmals ein Enkel wider die Ahnen klagt:
„Warum, warum
habt ihr uns nie von Christus gesagt?“

Abendgebet anno 1943

Wir wollen unsere Hände falten,
Der Abend sinkt. Es droht die Nacht.
Da lassen wir den Einen walten,
der uns bis heute durchgebracht,

So wie des Mondes Feuer
still geht in seiner Bahn,
so trauen wir dem Steuer,
das keiner sehen kann.

Noch liegt die Welt in allem Argen,
der Böse treibt ein langes Spiel.
Ach, Herr, verwehre Du dem starken,
dem Satan sein geschworenes Ziel!

Herr, willst Du uns enterben,
die wir die Deinen sind?
Lass unser Volk nicht sterben,
nicht Kind und Kindeskind!

Lass nicht den letzten Mann verschmachten
im Schauder einer fernen Schlacht,
nicht durch der Lüfte Todesfrachten
die Städte bersten diese Nacht!

> Und soll der Hader dauern
> und muss gestritten sein –
> in unsichtbare Mauern
> hüll‘ Du die Unsern ein!

Sei all und jedes Dir beschieden,
das täglich Brot, Kind, Sohn und Mann.
Wir warten, Herr, auf Deinen Frieden,
den uns die Welt nicht geben kann.

> Und steht von allen Nächten
> die letzte vor der Tür –
> zeig uns unnützen Knechten
> dennoch den Weg zu Dir!

Weisheit des Alters

Jugendjahre: Schwung und Freude –
Altersjahre: Erntezeit.
Lerne danken für dein Heute,
sei zum Abschied stets bereit.

Dichterwort aus tiefen Quellen
steigt empor, oft leidgespeist.
Alles Gott anheimzustellen,
helfe uns sein guter Geist.

Zur Trauung

Herr, segne unsern Lebensbund!
Wir tun vor Dir den Willen kund,
die Treue sei kein leerer Wahn,
sie halte uns auf rechter Bahn!

Du bleibst der Treue wie voreinst
und wie du's künftig mit uns meinst
in Glück und Leid – dein Wille wacht,
der längst schon alles vorbedacht.

Wir wollen's glauben ohne Wank,
dass wir uns fanden, habe Dank!
Wo sich ein Herz zum andern neigt,
wird künftig uns ein Weg gezeigt.

Ins Ungewisse geht die Fahrt.
Doch Gottes Kinder sind bewahrt
und trau'n Dir bis zur letzten Stund,
drum segne unsern Lebensbund.

Zur Goldenen Hochzeit

Goldene Hochzeit zu feiern,
seid ihr heut fröhlich vereint;
wollet den Dank Gott erneuern,
der es so treulich gemeint.

Denkt ihr der heiteren Zeiten,
Liebesglück in der Brust?
Denkt ihr an Leiden und Streiten,
zweier Kriege Verlust?

Arbeit war es und Mühen.
täglicher Sorge geweiht,
aber auch Wachsen und Blühen,
Jahre an Jahre gereiht.

Dünkt euch der Winter des Lebens
jetzt wohl so nahe wie nie,
war doch kein Tagwerk vergebens,
das euch der Schöpfer verlieh.

Wendet die die Augen hinüber,
wie es uns Gläubigen frommt!
Unheil ging immer vorüber –
Heil ist geblieben und kommt!

Danken soll mehr als nur Pflicht sein,
die ihr dem Schöpfer bekannt.
Soll um den Abend es licht sein,
sei's mit gefalteter Hand.

Glauben und Hoffen und Lieben
habt ihr im Leben bewährt,
so wie's ins Herz uns geschrieben
Gottes Wort, das nicht verjährt.

Bleibt bei der goldenen Regel,
erntet ihr himmlische Frucht,
finden auch eure zwei Segel
einstmals die ewige Bucht.

Heimat voll seliger Helle,
wo ihr die Krone empfangt …
freut euch der güldenen Schwelle,
wo ihr nur feiert und dankt!

Bild der Mutter

Wohin ich immer mich wende,
Straßen und Städte entlang –
ich fühle deine Hände
und neben mir deinen Gang.

Was mir immer geschähe,
senkt sich die Waage und steigt –
du bist's, die in der Nähe
sich treu zum Sohne neigt.

Vergäß' bei den eigenen Schritten
ich danklos dein Gebot –
ich würde mein Leben verschütten
und sagte mich selber tot.

Was ich auch immer erfahren,
innen im Herzen gilt
alterslos über den Jahren,
Mutter, dein Bild!

Du hast der Kindheit bunte Stunden
mit deinem Frohsinn reich gefüllt,
die ersten Tränen mitempfunden
und schnell mit einem Kuss gestillt.

Ich suchte Glück auf fremder Schwelle,
als ob das Glück die Ferne wär'.
Dein Herz war meines Glückes Zelle.
Dein Friede wehte um mich her.

Und hat mein Ziel die Nacht verhangen,
du spähtest nach dem ersten Licht.
Ich bin umsonst hinausgegangen,
Kindheit ist Glück. Ich wusst' es nicht.

An meine Frau Käthe

Ich danke dir, dass nach so vielen Jahren
Liebe und Treue keine leeren Worte waren.
Dass bei allem, was ich tue,
das Gleichgewicht du fandest
zwischen Arbeit und Ruhe.
Dass du meine Krankheitstage
klaglos mitgetragen.

Und dass ich es nicht ganz verschweige,
du hast mich oft entzückt mit deiner Geige.
Und dass ich bis zum letzten Hauche
dein Schuldner immer bleibe
und ich vor dir
mich nicht zu schämen brauche.

Es war wohl Gottes Weg und Wille,
dass einst er uns zusammenband
bis hin zu einem sel'gen Ende.
„So segnet keine andre Hand." (M. Claudius)
Und suchte ich nach Gottes Spuren
in meiner langen Lebensbahn:
Du hast mir, liebste Frau,
manch stillen Engelsdienst getan.

Jahresabschied

Des alten Jahres Schuldenbuch
ist endlich zugetan.
Mitt‘ in Gericht, in Bann und Fluch
bricht uns ein Neujahr an.

Das alte, das zu Grabe sank,
verging in Brand und Blut …
Da stockt der Fuß, da stirbt der Dank.
Wer hat zum Neuen Mut?

Mut, wo des Satans Schlich und List
der Erde Bau zerriss,
in Krieg und Frieden Meister ist
und mehrt die Finsternis?

O Gott, der Jahre Spindeltanz
verwischt uns Deine Spur!
Tilg uns nicht aus der Gnade ganz!
Gönn uns dies eine nur,

dass unser Wege künftge Bahn
sich nicht im Tod verzehr!
Die Bücher werden aufgetan –
Lass unser keinen leer!

Horch, hallen die Posaunen schon?
        Gott, lass uns deine Hand!
Hol uns aus dieser Jahre Fron
        ins ewge Vaterland.

Wir pochen nicht auf Recht und Lohn.
        Wir traun des Heilands Pfand …
Und weil selbst der verlorene Sohn
        noch eine Heimat fand.

Zum Neuen Jahr

Ich hab den Jahreskreis durschritten.
Die Zukunft tut sich vor mir auf.
Nun setzt, Herr, lasse Dich erbitten,
des Segens Siegel Du darauf!

Aus eigener Kraft ist nichts gewonnen.
Der eigne Wille reicht nicht weit.
Wie schnell ist meine Zeit zerronnen
vorm Horizont der Ewigkeit!

Noch bin ich hier, noch darf ich schaffen,
noch schlägt mein Herz gewohnten Gang.
Lass Aug‘ und Muskel nicht erschlaffen
dies eine neue Jahr entlang!

Da will ich glauben, will ich dienen
und Dank und Bitten heut erneu‘n.
Was fremd und schwer, was hart erschienen,
Du kannst der Sorgen Last zerstreun.

Noch gönnst Du mir im Strom der Jahre,
was mir allzeit vonnöten ist.
Und Du bestimmst das wunderbare,
das sel’ge Ende meiner Frist.

Ermutigung

O neu geschenktes Jahr –
du hoch gewölbte Pforte
zu Glück und Todesgefahr!

Voll ungebahnter Spuren,
voll ungesagter Worte,
voll unbesäter Fluren …

Du zwingst uns, dich zu leben,
und fragst nicht, wer da falle.
Willst keinem Antwort geben,

Mensch, der du dies erfährst:
Bäum‘ dich nicht auf im Hadern!
Was frommt's, wenn du dich wehrst?

Noch pulsen warm die Adern
Durch dich und mich und alle –
Gott baut der Zukunft Quadern!

Gott, dem Planetenkreise
gehorchen wie vorzeiten,
gesellt sich deiner Reise,
nimmt dich in seine Pflicht
und heißt dich mutig schreiten.
Drum bange nicht!

Zuflucht

Wie könnten wir uns selber retten,
je näher die Nacht der Leiden rückt?
Wie könnten wir die Wogen glätten,
die uns kein Steg mehr überbrückt?
Wie steuern wir den Finsternissen
der aufgerührten Todeswelt?
Sind alle Planken uns zersplissen
und keiner hat ein bergend Zelt.

Ich weiß nur eins, nur ein Erbarmen,
darauf bau ich bis in meinen Tod:
Zuflucht ist bei dem alten Gott
und unter seinen ewigen Armen.

Erntedank

Wie hast Du uns zerschlagen,
zu Staub zermalmt, o Gott,
dass rings Gemäuer klagen
der Welt zu Spreu und Spott!
    Es beugt uns Stund um Stunde,
    o Herr, Dein Zornesbrand;
    es klafft wie eine Wunde
    ringsum das deutsche Land.

O lerne unter Tränen,
du Volk im tiefsten Gram,
dem Gott nach stolzem Wähnen
die erzne Schwertfaust nahm:
    Wohl züchtigt Gottes Rute
    und hält die Kühnsten kurz;
    Dennoch bleibt Er der Gute
    und segnet noch im Sturz.

O Wunder, wenn aus Hulden
dank seines Sohnes Los
das Blutbuch unsrer Schulden
der Vater selbst verschloss!
    Er wird auf tausend Weisen
    bemeistern alle Not.

Er wird den Sperling speisen
und bricht auch unser Brot.

Noch immer darf uns grüßen
Die Sonn und Mondes Horn,
noch aus den Äckern sprießen
das Gras und goldnes Korn;
und Gottes Wasser schäumen
talab aus Quell und Schlucht,
und fröhlich an den Bäumen
reift noch wie einst die Frucht.

Beschwichtigt euer Murren,
bequemt euch dem Verzicht,
blickt in des Herbstes Fluren
getrost – und zweifelt nicht.
Dankt, dankt für alle Gaben,
wenn auch die Sorge droht.
Wir dürfen wieder haben,
Vater, Dein täglich Brot.

Der selige Tausch

Dass ich einst im Lichte wandle,
schrittst Du durch die Finsternis,
machst des Heiles mich gewiss,
littest stumm des Vaters Fluch.

Dass mich einst kein Schuldspruch töte,
rangst Du um des Todes Tod,
trugst des Spottes Purpurrot –
und ich steh im weißen Kleide.

Dass die Rute des Gerichts
unversehrlich mich verschon‘,
zahltest Du den blutgen Lohn –
und ich atme fröhlich frei.

Selger Tausch, nicht auszumessen,
den Dein Kreuzweg mir erstritt!
Alle Engel jubeln mit.
Hölle sinkt ins blinde Nichts.

In der Ferne

O Gott, bei dir daheim zu sein,
was gäb ich nicht an Glanz und Glück!
Was litt ich nicht an eigner Pein,
was brächt‘ ich nicht zu dir zurück!

Ich ließ allein der Freunde Schwarm,
o Gott, bei dir daheim zu sein!
Ich löst‘ mich aus dem liebsten Arm,
tränk’ gern des Abschieds Bitterwein!

Die Woge will nicht Woge sein,
sie sucht den Strand, der sie zerbricht.
O Gott, bei dir daheim zu sein,
lösch meines Lebens kurzes Licht!

Ich träum den Traum der Heimat schon,
als sähe ich der Schwelle Schein …
Wann rufst du den verlorenen Sohn,
o Gott, bei dir daheim zu sein?

Aus der Tiefe

Wenn du fern von Gottes Herzen
dich vermeint im schwersten Joch –
aus dem Becher deiner Schmerzen
quillt ein Tröpflein Gnade noch.

Hast dein Lied nicht ausgesungen,
dorrt dir auch die Kehle heut.
Ungeahnten Läuterungen
halte schweigend dich bereit.

Beugt dir Gott die Stirne strenger
unter eines Feindes Faust –
trag's. Einst währt der Friede länger
als der Streit, vor dem dir graust.

Einst aus deinem stummen Munde
Gottes Sprache mächtig bricht,
denn im tiefsten Schattengrunde
sucht dich noch sein heilsam Licht,

heilt dir Narben noch und Schwiele;
dulde jetzt die böse Frist,
weil zu Ihm, zum größten Ziele,
unterwegs du immer bist!

Anfechtung

Wähn ich Dich ferne,
irr ich im Blinden
und weiß kein Körnlein
Segen zu finden.

Solang ich mich quäle,
ach Herr, wie lang?,
lechzt meine Seele
und hungert bang.

Ging doch in Asche
der Scham und Reu,
brach doch des Willens
Joch entzwei –

Hab auch in Kissen
schlafloser Nacht
noch tief im Traume
Dein gedacht.

Nur nicht dies Lasten
wie Stein auf Stein,
nur nicht Dein stummes
Verborgensein!

Nur nicht im Zwange
der Zweifel gehn –
die Nacht, die lange,
nur überstehn!

All – alles tust Du
zu Deiner Zeit.
Gönn mir ein Tröpflein
Ewigkeit!

Getrost

Getrost! Der Mäher mähet,
was ernteweiß in reifer Flur.
Getrost! Denn er umfähet
gelind die Kreatur,
die an Gebresten und Geschwüren
soll seines Heiles Finger spüren.

Getrost! Sein Auge spähet,
eh eures aus dem Schlafe fuhr.
Getrost! Sein Mantel wehet
um eurer Füße Spur.
Ihr dürft an seine ew'gen Türen
mit kinderfrommen Händen rühren.

Getrost im Joche gehet
ihr eurer Seufzer Länge nur.
Getrost! Der Tränen säet,
bemisst euch Puls und Uhr.
Er wird in Gnaden euch erküren
und einst aus aller Fährnis führen.

Zum Ewigkeitssonntag

Gedenkt der Toten ohne Gram,
sie sind in Gottes Stadt.
Getrost! Der Herr zur Erde kam,
dem Tode selbst das Zepter nahm,
die Hölle gar zertrat.

Auf Gräber sinkt ein Schleier Schnee
wie Botschaft aus dem Nichts.
Getrost! Trotz allem Winterweh
Liegt auf den Gräbern je und je
ein Strahl des Osterlichts.

Gebet um Kraft

Um eins nur bitt‘ ich, Herr:
Gib Kraft, gib Kraft!
Lass meinen Füßen einen Weg gelingen,
lass meine Hände dienen im Geringen,
hilf siegen mir im Zwang der Leidenschaft!

Hält Scham und Schauder mich
in bittrer Haft,
darf weder Steg noch Stern
die Nacht durchdringen;
des Tages finst’ren Wetterschein
kannst Du allein bezwingen,
der Licht im Lichte schafft!

Wenn Zorngewölke mir
zu Häupten jagen,
ein gallgetränktes Tagwerk
mich verhöhnt
und Nerv und Muskel,
Lipp‘ und Aug erschlafft:
Ich muss hindurch!
Lass mich, mit Dir versöhnt,
aus Deinem Berg lebendig Feuer schlagen!
Gib eines, eines nur: gib Kraft!
Nur Kraft!

Advent

Bald mündet in klirrende Nächte
das alte hinsterbende Jahr.
Da macht sich Gott wieder zum Knechte
und bringt sich im Kinde uns dar.

Welt, wehr dich solch güldener Gabe
nicht länger im tödlichen Tanz –
du trügest dich selber zu Grabe
und stürbest am seligsten Glanz.

Darf's Weihnacht werden im Jammer
der alles zermalmenden Zeit,
so mach auch die dunkelste Kammer
zum Wunder der Krippe bereit!

Noch immer . . .

Noch immer Welt und weltlich Wesen,
noch immer Kreuz und wilde Qual
und immer noch, wie's je gewesen,
der Heiland hängt am Marterpfahl.

Und immer noch – frag nur dein Herze –
das Sehnen nach dem letzten Licht,
weil unsres Lebens schwanker Kerze
des Leuchtens reine Kraft gebricht.

Der du gekreuzigt und gestorben,
schau uns im Elende wandern an!
Wo wir in Sünden ganz verdorben –
tritt in den Riss, zerbrich den Bann

und lehr uns glauben, lehr uns hoffen:
Das Heil begann in Golgatha,
weil alle Schmach, die dich getroffen,
für den verlornen Sohn geschah.

Führ uns durch deine Nacht gen Morgen.
Lass uns erfahrn in letzter Not:
An deinem Kreuz sind wir geborgen.
In deinem Tod stirbt unser Tod.

Blick nach Bethlehem

War der Herr beim Hirtenfeld
Bethlehems umsonst geboren?
Hat die wirre wüste Welt
allen holden Schein verloren?
Dies Jahr: so gnadenlos
mit allen seinen Scherben –
auch es darf endlich sterben,
hinfahrn in Gottes Schoß.

Dennoch! Durch den Zank der Zeit
such‘ den Weg zu jener Krippe,
öffne du, umstellt von Leid,
deinem Heiland Herz und Lippe!
Vor ihm ist's nicht genug,
wenn Kinder fröhlich singen,
du darfst ihm täglich bringen
auch deinen Tränenkrug.

Schauen zweimal tausend Jahr‘,
schauen Volk um Volk die Frommen
auf dies Kripplein wunderbar,
darin Er zu uns gekommen.

Des Unheils Woge schwillt –
o Tröstung im Elende:
Wenn alles Licht verschwände –
Gott gab sein Ebenbild.

Gegen allen Augenschein
geht entlang an jenem Strahle,
lass ihn deine Leuchte sein
über deinem finstern Tale.
Volk Gottes, traue dem,
der Herr ist aller Herren!
Lass dir durch nichts versperren
den Blick nach Bethlehem!

An die Engel

Singt Lob zu allen Jahren,
singt Lob durch alle Welt,
Gott hat der Engel Scharen
als Wächter uns bestellt!
Wir schmachten nicht allein.
Ob unsern Häupten schalten
die himmlischen Gewalten.
Soll keiner einsam sein.

Ihr hohen Gottesboten,
ihr aller Kinder Stern,
ihr Schnitter unsrer Toten,
Gewappnete des Herrn,
vom Vater und dem Sohn
gewiesne Bahn zu eilen,
zu lindern und zu heilen,
kommt ihr vom ewgen Thron.

Ihr kündet Trost dem Volke,
brecht durch die Zellentür,
ihr wirket in der Wolke,
steigt aus der Gruft herfür –
will's Gott nach seinem Plan,
so schlagt ihr mit dem Schwerte,

Luft, Wasser, Feuer, Erde
macht Er euch untertan.

Singt Lob mit neuen Zungen,
ihr Dulder unterm Joch,
habt nicht umsonst gerungen,
die Engel kämpfen noch!
Führt Satan seinen Streich,
dass Krieg und Fried‘ verwirrten,
getröstet euch der Hirten
im unsichtbaren Reich!

Wir trotzdem Plag und Plagern,
als trät die Hölle her –
ob unsern Häuptern lagern
die Engel wie ein Heer
breithin auf jeder Flur,
langhin ob allen Ländern
in himmlischen Gewändern,
sieht keiner eure Spur.

Doch mancher weiß euch wandern,
spürt, wo ihr stille steht,
wo einer in des andern
güldenen Stapfen geht.
Wir stehn als Blinde da
und dürsten nach dem Lichte.
O macht die Nacht zunichte!
Ihr Engel, bleibt uns nah!

Aus dem ersten Petrusbrief

Gelobt sei Gott der Vater
des Herrn Jesu Christ,
der uns durch Sein Erbarmen,
das keiner je ermisst,
auf Hoffnung neugeboren
durch Christi Auferstehn,
dass wir, im Tod verloren,
mit Ihm ins Leben gehn.

Ein unvergänglich Erbe,
ein unverwelklich Teil,
das jedem, wenn er sterbe,
verbürgt das ganze Heil.
Im Himmel wird's behalten
uns, denen Gottes Macht
nach unbegriffnem Walten
die Seligkeit gebracht.

Es wird sich offenbaren
erst zu der letzten Zeit.
Was Freiheit ist, erfahren
die Dulder hier im Streit.
Dem, der jetzt angefochten,
der Trauer Fessel fällt –
die heute Unterjochten
befreit der Herr der Welt.

Es wird sich offenbaren
erst zu der letzten Zeit.
Was Freiheit ist, erfahren
die Dulder hier im Streit.
Dem, der jetzt angefochten,
der Trauer Fessel fällt –
die heute Unterjochten
befreit der Herr der Welt.

Luther

Luther stand auf. Es musste sein.
War Häuerskind, war Bergmanns-Sohn,
Kurrende-Sänger um Knabenlohn, Domschüler
streng überm Kirchenlatein,

beugt sich im Kloster in heilige Wissenschaft,
schürft in der Bibel, lernt und lehrt,
übt Fasten und Wachen gramverzehrt,
doch innen tief speichert er Kraft um Kraft.

Dann aber zwingts ihn, aus einsamem Schauen
Hinauf auf den Turm,
zu läuten Sturm
über Deutschlands gärenden Gauen.

Und Deutschland hört
und nimmt das Wort der Schrift
wie nie gepredigt seit Prophetentagen,
im Feuergeiste der Apostel CHRISTUS auszusagen –
obs auch ins Mark den Schwarm der Feinde trifft.

Todmutig ließ er Fehde wider Fehde prallen,
zu dienen dem, der GOTT in CHRISTUS war.
Lobsingend schritt er durch das Kirchenjahr,
Choräle sollten allwärts laut erschallen.

Und fortan lief es, fröhlich ward's verkündet,
das Evangelium vom Erlöser Christ,
vom Abendmahl, darin er gegenwärtig ist,
der eine Heiland, der sich uns verbündet,
steh tapfer, Luthervolk, in jedem Wetterschein!
Züngelt der Hass, groß Macht, List und Hohn –
Bleibt dein Prophet der Bergmanns-Sohn.
Luther stand auf. Es musste sein.

Käthe (Katharina von Bora)

Sie ward ihm angetraut
auf Freundesrat als Braut
in schwersten Schicksalstagen,
allerorten sind Feuer angefacht,
die Ritter haben losgeschlagen,
Käthe indessen, schlecht behaust unter Nonnen,
ist der üblen Klosterzucht entronnen.
Martin sieht sie nur selten,
Freunde und Verwandte schelten,
Melanchthon kommt bös erschrocken:
„Will denn der Teufel den Martin verlocken?
Darf er den Gelübden entsagen?
Darf er die Ehe wagen?
Soll er's treiben wie alle Welt?"

Zur Trauung ruft Luther Freund Bugenhagen,
Meister Cranach wird als Zeuge bestellt.
„Warum nicht die Ehe? Sie ist Gottes Stand.
Er selber knüpft zwischen Zweien das Band.
Ob auch die Teufel lachen –
ich spotte ihrem Rachen!
Und wenn alle Engel weinen –
ich bin mit Gott im Reinen.
Hab' guten Mut. Auch mir gelingt's

Der Leib fordert's,
Gott will's und zwingt's."

Die beiden sind einander von Herzen gut,
beide durchströmt das gleiche Blut.
Er bindet sie, sie bindet ihn,
so wie es lief seit Anbeginn.
Und wird ihm im Kampfe bange,
schmiegt er sich zart an ihre Wange.
Um ihn schattet ein geliebtes Du –
sie trösten und sprechen einander zu.
Gleich packt sie die Lotterwirtschaft im Kloster an,
mannskräftig, Feind jedem Schlendrian,
schaut in den Ställen nach Kuh und Stier,
besät die Beete, besorgt Heu und Holz,
kauft für's Ackerwerk neue Geräte,
braut selber das Bier,
setzt ins Gewerke ihren ganzen Stolz.
Bald werden die Brunnen wieder fließen,
im verwilderten Garten Lilien und Rosen sprießen.
Martin dankt ihr:
„Du bist meiner Tage Glanz und Zier!
Die Ehe ist ein süß und keusch Leben,
uns allen heilsam von Gott gegeben.
Trotz aller Finsternis
ist die Ehe ein Stück vom Paradies."

Orgelspiel

Luther, immer von Gästen umdrängt,
streitwund, in tiefer Seele gekränkt,
flieht aus der Stube, sich selbst zu befrein,
entrinnt in einen Winkel der Kirche,
leer dämmernd im Abendschein,
birgt das Haupt, sinnt und betet, betet und sinnt –
kommt da von der Orgel ein klingender Wind?
Klag flutet an sein Ohr,
hoch überm Chor
zu steinerner Wölbung schaut er empor,
unsichtbar des Spielers Hände.
Orgelspiel schwingt entlang die Wände,
ausgegossen aus hundert Schalen
auf weißzahnigen Manualen.
Wankend birst der Pfeiler aufwuchtende Macht.
Spinnwebfein
über der Bässe malmender Schlacht
flügeln Bänder aus güldenem Schein,
schwesterlich nah
schwebt aus firnenen Gründen vox angelica.
Zärtlich die Gamben, wangenweich Flöten,
scharf die Salizionale,
männergewichtig Prinzipale,

gleißend Kornette, Posaunen, Trompeten,
tief seufzen Bordune, kreischen Nasarde,
ferntosend grollt die Bombarde –
Heerschar der Pfeifen!

Musik ist Krieg in prasselnden Läufen.
Das Haupt ohnmächtig hörend eingelullt
in der Gewalten uferloses Widerprallen,
schreckt auf aus ungeheurem Schallen
und taumelt wach aus schwälendem Tumult.
Die Orgel schweigt.
War Gott im Spiel allgegenwärtig hier?

Demütig vor dem Kreuz sich Luther neigt:
„Aus tiefer Not schrei‘ ich zu Dir…“

Wartburg

Sommerlich blüht das Thüringer Land.
Berge und Wälder ein grünes Meer,
die Werra schimmert von Ferne her.
Luther, jüngst im geliehenen Rittergewand,
zeigt sich den Freunden als Junker mit Bart,
unkenntlich fast, kraus behaart.
Er ist zur Schutzhaft freundlich verdammt,
weiß aber: Gott verlieh ihm sein hohes Amt,
Dolmetscher Christi! Hier muss er hausen,
wo ringsumher Wälder in Stürmen brausen.
So ist's sein Wille.
Hier wachse sein Werk in der Wartburgstille.
An der Bibel arbeitet er zwölf lange Jahre,
dass Gott sich auch dem gemeinen Mann offenbare.
Hier findet er Freunde, von niemand beleidigt,
hier wird die Sprache gehärtet, geschmeidigt,
aus dem Urgestein der Bibel löst er
„Klötze, Wacken und Schlacken",
von brennendem Durst getrieben,
lernt er neu, was die Apostel geschrieben,
gönnt sich kein faules Behagen.

Hier hört er den Urlaut Gottes, den tiefsten Klang,
sein Atem geht durch seinen Mund.
Hier schöpft er den deutschen Psalm,
das rettende Lied,
bohrend und bosselnd, der Wörter Schmied.
Nun kann das Evangelium wandern
von Land zu Land,
Prediger werden ausgesandt,
dass allerorten das nährende Wort werde kund,
durch alle Länder, durch alle Epochen.
Gott hatte gesprochen.

Deutschland

Tief in der Bibel lotend, wortgetreu,
schuf er die deutsche Sprache herrlich neu.
„Den Michael, den Engelheld,
Gott hat Ihn uns zum Heil bestellt."

Das deutschen Reichs verklungene Geschichte
war ihm gewärtig, Ziel und Richte.
„Auf Erden werd ich keinen guten Tag mehr sehn,
Deutschland seh' ich vor meinen Augen untergehn.
Mein Volk, von viehischem Treiben krank,
zollt Gott dem Schöpfer keinen Dank,
treibt Tanz und Trunk, lebt ohne Zucht –
als wär' dies Land von Gott verflucht.
Der fromme Geist ist längst erschlafft,
verachtet wird des Glaubens Kraft.
Die Deutschen sind wie taub und blind
auf Raub aus, schwärmerisch gesinnt.
Ich muss es wieder und wieder schreiben:
Wir Deutschen sollen Deutsche bleiben!
Meine Seele seufzt aus allen Tiefen…",
so schreibt er noch in letzten Briefen.

„Mit Deutschland ist's bald aus,
es wird „gewesen“ heißen.
Weh, wie wir unser bestes
Gut und Erb‘ verschleißen!

Auch wenn euch äußerste Not getroffen –
lernt wider alle Hoffnung hoffen!
Ich mag den Jammer nimmer sehn.
Lasst mich im Frieden heimwärts gehen.

Der Jüngste Tag steht vor den Toren,
Euch Deutschen dient‘ ich, bin für euch geboren.“ –
Die tiefste Wunde, die sein Volk ihm schlug…
Das schwerste Schicksal, das ein Deutscher trug.

Krankheit

Dreizehn Mal krank. Noch in besten Jahren
drohen Luther todnahe Gefahren.
Man findet ihn manchmal
ohnmächtig am Boden liegen,
er atmet bresthaft, die Pulse fliegen,
ihn quält die Galle, im Darm der Stein,
Krämpfe wüten in seinem Gebein,
mühsam schnaubt er die Nase,
die Leber schwillt, es sticht in der Blase,
dann wieder ist es das Ohrensausen,
im Kopf unstillbar das Brausen.
Freunde kommen mit falscher Doktrin,
besprühen den Leib mit heißem Pferde-Urin,
Doktoren eilen herbei zu nächtlicher Stunde,
hilflos bezweifelnd die eignen Befunde.
Auch wird gerufen der Bader,
abzuleiten Gift aus der Ader.
Käthe führt ihn sorgsam vom Gartengestühl
zurück in die Stube auf weichen Pfühl,
bettet sein Haupt auf gewärmte Kissen.
Die Kinder flüstern auf dem Flur,
sie ahnen mehr, als sie wissen,
hören ihn stöhnen: „Ich arme unnütze Kreatur,

ich bin noch zum Sterben zu schwach,
ich armes Fleisch!“ Schweißnass liegt
er im dunklen Gemach.
Mit zähen Schmerzen längst versöhnt
Stunde um Stunde das Grauhaupt stöhnt.
Qual ist das Leben in schlaffen Adern.
„Will Gott mich zermalmen?“
Das Hadern
schafft keinen Frieden, bringt keinen Gewinn.
Er greift nach den Psalmen.
Die Treibjagd der Skrupel –
ein wirres Gedankengespinst…
Endlich veratmet er in heilsamer Stille.
„Herr, wie immer geschehe Dein Wille.“

Tod

Fern der friedsamen Wartburgstille
letzte Arbeit an einer Postille.
Er fürchtet den nahenden Antichrist.
Dann noch ein Pamphlet, beschriftet:
„Wider das Papsttum, vom Teufel gestiftet."

Ins selbe Dorf, wo Luther geboren ist,
schwerkrank wagt er die letzte Reise,
quert über die Saale, die starrt vom Eise.
In einem Gasthof zu Eisleben ärmlich gebettet,
Käthe fern, keiner pflegt, keiner rettet.
Ihn plagt die Gicht,
Migräne sticht,
Herzkrämpfe schütteln ihn, der Darm ist vergiftet,
unstillbar Stunde um Stunde
blutet die ätzende Wunde.
Kalt und dann wieder fieberheiß
überläuft ihn der Fieberschweiß.
Man sagt ihm: Böse Säfte
verzehren die Kräfte.

Die Gräfin schickt dankbar noch acht Forellen
und lässt gnädig ihre guten Wünschen bestellen.

Denn Luther hat kürzlich einen gräflichen Streit
geschlichtet
und endlich Frieden geschaffen,
so wird ihm berichtet.

Erhaben über den Dunst der Vergänglichkeit
gedenkt er noch immer der alten Zeit:
Erasmus, der skeptische Epikuräer,
Schwenckfeld, der altkluge Schmäher,
ein loses Klappermaul der Buzer,
Melanchthon, der fürsichtige Federstutzer,
Zwingli, frommklug, nur im Zeugnis schwach –
aber Staupitz:
„Dem eifert' ich all meine Lebtage nach!
Er hat mich geboren,
sonst blieb' ich im Kloster verloren!"
Der Fittich seines Geistes schwingt noch immer
zum letzten Tage hin im Abendschimmer.
Schwer rollt das Wort aus seinem trocknen Munde,
als käm' es klaftertief aus einer Wunde:
„Ich bin nur ein armer Tropf, hatte nie Herrentage,
ich armes Windlicht Gottes..."
Dann die letzte Frage:
„Sind wir schon angelangt am Jüngsten Tage?"

Noch einmal öffnet Gott ihm die Gehöre,
aufwachend hört er hunderthäuptige Engelchöre,
genähert schon der Obern Schar.
Dann senkt sich seines Geschicktes Waage.
Hernach auf einem Tische fand
man einen Zettel, beschrieben von letzter Hand:
„Wir sind Bettler, das ist wahr."

Zeitwende

I.

Es schwindet der Zeit
zerschlissenes Kleid,
da hilft uns kein Haben und Halten.
Wie reich auch die Welt –
wir stehen geprellt
und nackt vor des Todes Gewalten.
Doch fürchtet euch nicht!
Der Abend wird licht.
So wussten's schon immer die Alten.

Wir schauen zurück.
War karg auch das Glück,
verstellt hinter Schmerzen und Schlägen:
Uns führte ein Weg
über Klippen und Steg
dem Herbst unsres Lebens entgegen.
Die göttliche Uhr
weist Stunde und Spur
Und wandelt noch alles in Segen.

Komm, Abend der Welt!
Wenn Gott es gefällt,
schlägt bald seine fordernde Stunde.
Der Meister ist nah,
die Jünger sind da.
Wir zählen zum ewigen Bunde.
Erlöscht uns das Licht
der Welt im Gericht –
wir trauen der rettenden Kunde.

Herr Christe, Du nennst
beim Namen und kennst
und rufst uns nach Haus, wo Du wohnest.
Wir nennen Dich kaum.
Wir kennen Dich kaum.
Und keiner ist's wert, dass Du lohnest.
O Wunder im Wort:
Einst stehen wir dort,
wo, Jesus, Du ewiglich wohnest.

II.

Wir Gäste der Welt,
einander gesellt
durch Tage und Jahre im Reigen –
wir müssen davon,
wir hören den Ton
weither aus dem ewigen Schweigen.
Und denken es kaum:
Der Herr macht uns Raum
und nennt uns, o Wunder, sein eigen.

Umsonst keine Tat,
umsonst keine Saat.
Die Ernt des Herrn wird's bewähren.
Was kühn sich aufbläht,
was eisern dasteht,
wird Flamme und Rost bald verzehren.
Die Sichel trifft nur
die irdische Spur.
Der Jüngste Tag wird es klären!

Was je du empfingst
am Weg, den du gingst,
wo Anfang, wo Ende im Danken?
Wir fielen in Schuld –
Gott hatte Geduld.
Die Treue des Herrn kennt kein Wanken.

Was je er geplant,
hast kaum du geahnt.
Denn höher sind seine Gedanken.

So gib aus der Hand
dich selbst, wenn er mahnt,
ans andre Ufer zu treten.
Als Jünger des Herrn
geh willig und gern.
Trau‘ dem, was die Väter erflehten.
Wir bitten zugleich:
Es komme Dein Reich!
Mach‘ wahr, was wir alle erbeten!

III.

Wir gehen dahin,
die Jahre verzieh'n,
als füge sich Schatten an Schatten.
Gestundet die Zeit,
die Gott uns noch leiht.
Sie rinnt uns wie Sand aus den Händen.
Wir bringen nicht viel
am Ende ans Ziel –
und sind doch beschenkt über Maßen.

Wir haben ein Wort,
das brenn' in uns fort,
seit Christus uns rief im Gewissen:
Wer Treue bewahrt,
im Glauben beharrt,
wird selig, wird selig am Ende.
So sind wir gefragt.
Der solches zusagt,
hat sterbend sein Wort uns verpfändet.

Getreu sei der Knecht!
Gott fordert sein Recht
zurück an geliehenen Pfunden.
Ob töricht, ob klug –
der Jungfrauen Zug
mahnt alle: Seid wachsam und wartet!

Einladung erging,
die jeder empfing:
Seid Gäste am Tische des Königs!

Gen Mitternacht pfeilt
der Zeiger und eilt,
die wirre Welt einmal zu enden.
So komm, guter Hirt,
eh Satan verwirrt
der Christenheit zweifelnde Scharen.
Tritt endlich hervor
aus ewigem Tor,
dass Glaube sich wandle in Schauen!

Bildnachweis

Titelbild: Knipsermann, „Unwetter!“, CC-Lizenz (BY 2.0) – http://creativecommons.org/licenses/by/2.0/de/deed.de
www.piqs.dehg-images – Pantokrator, Berzé-la-ville © hg-images
Seite 9: aboutpixel.de/ herbstlich © Hanna B.
Seite 15: aboutpixel.de/ Ulmer Münster © Ernst Burmann
Seite 22: aboutpixel.de/ Blockenglume © Peter Smola
Seite 29: Line © U. Zellfelder
Seite 37: aboutpixel.de/ Gaugin? © pip
Seite 44: aboutpixel.de/ Winterspaziergang © Marnie
Seite 50: aboutpixel.de/ Umfallobst © Mosquita
Seite 55: aboutpixel.de/ mini ap:ut am Strand von Triest © kamikazefliege
Seite 61: aboutpixel.de/ ruhestätte © maçka
Seite 69: aboutpixel.de/ Am Rand der Dämmerung © Leona24
Seite 78: aboutpixel.de/ Wartburg © hg-images

Quellen:

Das Ulmer Münster, 35 Gedichte, Ulm-Donau ^{3}1945.

Luther zu Ehren, Erzähl-Gedichte über Luther und die Reformation, Freimund-Verlag ^{13}2010.

Aus dem Freimund-Verlag

Wilhelm Horkel

Luther zu Ehren

Erzähl-Gedichte über Luther und die Reformation

30 Seiten, geheftet, ISBN 978 3 86540 049 9, 2,50 Euro

Die Gedichte des Autors Pfarrer Wilhelm Horkel, geboren 1909 in Augsburg, erscheinen bereits in der 13. Auflage.
Sie handeln vom Leben und Werk Luthers: zum Beispiel „Herkunft“, „Blitzschlag“, „Die Thesen“, „Kämpfe“, „Abendmahlsstreit“, „Orgelspiel“, „Käthe“, „Wartburg“, „Bauernkrieg“, „Worms“, „Tod“ und vieles mehr.